INVENTAIRE
G 18,081

G

ABRÉGÉ
DE GÉOGRAPHIE

18081.

Tout exemplaire non revêtu de ma griffe sera réputé contrefait.

ABRÉGÉ
DE GÉOGRAPHIE

MISE A LA PORTÉE DES ENFANTS

PAR

UN ANCIEN PROFESSEUR

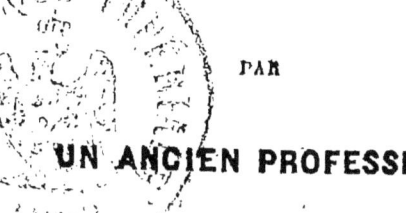

PARIS

ÉLIE GAUGUET, LIBRAIRE-ÉDITEUR

12, RUE CASSETTE, 12

1866

A LA MÊME LIBRAIRIE

COLLECTION DE BONS POINTS
ET
RÉCOMPENSES DIVERSES

Bon Point simple . . . . 200 à la feuille.
— 84 —
— 65 —
— 40 —
Bon Point d'analyse, d'anglais, d'arithmétique, d'assiduité, de calcul, de catéchisme, de chant, de contentement, de dessin, d'écriture, d'évangile, de géographie, de grammaire, de gymnastique, d'histoire, de lecture, de musique, d'orthographe, de piano, de piété, de politesse, de propreté, de récitation, de religion, de sagesse, de solfège, de travail à l'aiguille, etc. . . . . 40 à la feuille.
Petit Bon Point, divisé par 5, 10, 15, 20 et 25. . . . . 200 —
Bon témoignage. . . . . 36 —
Notes hebdomadaires, divisées par assez-bien, bien, très-bien . . . . . 21 —
Billet d'exemption, avec lequel l'élève peut se libérer d'une punition. . 21 —
Id. **d'application**, valeur 5 bons points 21 —
Id. **de satisfaction**, val. 10 bons points 15 —
Id. **de supériorité**, val. 50 bons points 18 —
Id. **d'excellence**, val. 100 bons points 16 —
Mention honorable. . . . . 8 —
Billet d'honneur, valeur illimitée. . . 8 —
Carte de mérite. . . . . 8 —
Récompense hebdomadaire, qui se distribue aux élèves tous les samedis comme témoignage de leur application au travail. . . . . 8 —
Récompense mensuelle, qui est décernée à la fin de chaque mois. . . 8 —
Parfait contentement. . . . . . . 8 —
Id. à l'usage seulement des communautés religieuses. . . . . . 8 —

Toutes ces feuilles sont imprimées sur demi-raisin et se vendent séparément, en couleur. . . . . 10 c.
En or. . . . . 15 c.
Prises par cent, nous donnons 108 pour 100.
Tableau d'honneur, sur raisin, prix. . . . 1 fr.

ABRÉGÉ
DE GÉOGRAPHIE

CHAPITRE Ier.

NOTIONS GÉNÉRALES.

Ire LEÇON.

1. Qu'est-ce que la Géographie ?

La Géographie est la description de la terre.

2. Quelle est la forme de la terre ?

La terre est ronde ; elle a la forme d'un globe ou d'une boule immense, tournant sur elle-même au tour d'une ligne passant par deux points opposés nommés pôles.

3. A l'aide de quoi détermine-t-on la situation des divers pays de la terre ?

On détermine la situation des divers pays de la terre à l'aide de quatre points se trouvant dans des situations déterminées qu'on appelle *points cardinaux*.

4. Comment sont disposés ces quatre points cardinaux ?

Ces quatre points cardinaux sont disposés deux par deux dans des directions opposées : ce sont le nord et le sud, situés aux pôles de la terre et l'est et l'ouest opposés l'un à l'autre dans une direction tranversale à celle des premiers.

5. Quels noms donne-t-on encore à ces points ?

Le Nord s'appelle encore Septentrion, le Sud, Midi, l'Est, Orient et l'Ouest, Occident.

6. Comment peut-on trouver ces points dans la campagne ?

Pour déterminer ces points dans la campagne, on se tourne à midi du côté du soleil, on a alors le nord derrière soi, le midi devant, l'ouest à droite et l'est à gauche.

En tournant le dos au soleil de manière à avoir son ombre devant soi, on a alors, le nord devant, le midi derrière, l'est à droite et l'ouest à gauche.

7. Comment les place-t-on ordinairement dans une carte ?

Dans une carte on place habituellement le Nord en haut, le Midi en bas, l'Est à la droite de celui qui la regarde et l'Ouest à la gauche.

2ᵉ LEÇON.

8. De quoi se compose le globe terrestre ?

Superficiellement le globe est composé de deux parties, la terre et l'eau, l'eau occupant une surface deux fois plus grande que la terre.

9. Pourquoi dit-on superficiellement ?

On dit que la terre se compose superficiellement de deux parties parce qu'à partir d'une certaine profondeur, le globe est complétement composé d'une seule partie, la terre. L'eau n'occupe donc superficiellement que les immenses cavités formées par les inégalités de la surface de la terre.

10. Quels noms généraux donne-t-on aux grandes parties de terre et aux grands amas d'eau qui forment la surface de la terre ?

On donne aux grandes parties de terre le nom général de continent et aux grands amas d'eau, le nom général de mers.

11. Les parties de terre et d'eau qui forment la surface du globe forment-elles chacune un tout continu ?

Non, les parties de terre et d'eau qui forment la surface du globe ne forment pas un tout continu chacune, est découpée de la manière la plus irrégulière et est souvent partagée en un grand nombre de morceaux séparés les uns des autres.

3ᵉ LEÇON.

NOMS DES DIFFÉRENTES PARTIES DE TERRE.

12. Quels noms donne-t-on aux différentes parties de terre ?

Les noms donnés aux différentes parties de terre sont : Continent, Contrée, Ile, Archipel, presqu'Ile, Isthme, Cap ou Promontoire, Montagne, Colline, Volcan, Plaine, Plateau, Vallée.

13. Qu'est-ce qu'un Continent ?

Un continent est un très-grand espace de terre formant un tout continu et qu'on peut parcourir sans traverser la mer.

14. Quest-ce qu'une Contrée ?

Une Contrée, est une partie de continent limitée d'une manière quelconque dont les habitants sont soumis à un même gouvernement et aux mêmes lois.

15. Qu'est-ce qu'une Ile ?

Une Ile est une partie de terre entourée d'eau de tous côtés.

16. Qu'est-ce qu'un Archipel ?

Un Archipel est une réunion ou un groupe d'îles.

17. Qu'est-ce qu'une presqu'Ile?

Une presqu'Ile est une portion de terre, presqu'entièrement entourée d'eau, et qui tient à la terre par un côté.

18. Qu'est-ce qu'un Isthme?

Un Isthme est la partie de terre qui joint une presqu'île à un continent.

19. Qu'est ce qu'un Cap ou Promontoire?

Un Cap ou Promontoire est une pointe de terre qui avance dans la mer.

20. Qu'est-ce qu'une Montagne?

Une Montagne est une masse de terre élevée au-dessus du sol, on appelle chaînes de montagnes, une suite de montagnes.

21. Qu'appelle-t-on Versants?

On appelle Versants, les deux grandes pentes d'une montagne.

22. Qu'est-ce qu'une Colline?

Une Colline est une élévation de terre bien moins grande qu'une montagne.

23. Qu'est-ce qu'un Volcan?

Un Volcan est un gouffre qui s'ouvre sur une montagne, et d'où il sort des tourbillons de feu venant de l'intérieur de la terre; l'ouverture de ce gouffre se nomme cratère.

24. Qu'est-ce qu'une Plaine?

Une Plaine est un grand espace de terrain uni, sans élévation aucune.

25. Qu'est-ce qu'un Plateau?

Un Plateau est une plaine plus ou moins

grande qui se trouve au sommet des hautes collines ou des montagnes.

26. Qu'est-ce qu'une Vallée ?

Une Vallée est une partie basse de terre située entre des montagnes.

4ᵉ LEÇON.

NOMS DES DIFFÉRENTES PARTIES D'EAUX.

27. Quels noms prennent les différentes parties d'eaux ?

Les différentes parties d'eaux, prennent le nom d'Océan, de Mers, de Golfes, de Baies, de Détroits, de Lacs, d'Étangs, de Marais, de Fleuves et de Rivières.

28. Qu'est-ce qu'un Océan ?

Un Océan est une très-grande partie de la grande étendue d'eau qui couvre les deux tiers du globe.

29. Quest-ce qu'une Mer ?

Une Mer est une grande étendue d'eau, moindre qu'un océan.

30. Y a-t-il plusieurs espèces de mers.

Oui, il y a plusieurs espèces de mers. Les mers extérieures, qu'on appelle simplement mers, et les mers intérieures, celles qui sont presque complétement entourées par les continents et qu'on appelle mers Méditerranées.

30. Qu'est-ce qu'un Golfe ?

Un Golfe est une langue de mer qui s'avance dans la terre ; on donne ordinairement le nom de baie à un petit golfe.

32. Qu'est-ce qu'un Détroit ?

Un Détroit est une très-petite partie de mer, resserrée entre deux terres, et qui joint deux mers ensemble.

33. Qu'est-ce qu'un Lac ?

Un Lac est une étendue d'eau dormante, c'est-à-dire qu'il est entouré de terre de tous côtés.

34 Qu'est-ce qu'un Étang ?

Un Etang est un petit lac.

35 Qu'est-ce qu'un Marais ?

Un Marais est une surface de terrain plus ou moins grande qui est à peine couverte d'eau.

36. Qu'est-ce qu'un Fleuve ?

Un Fleuve est un grand cours d'eau, d'une étendue et d'une largeur assez considérable, qui sort de dessous la terre et va se jeter dans la mer.

37. Comment appelle-t-on l'endroit où le fleuve sort de la terre, et celui où il va se jeter dans la mer ?

L'endroit où le fleuve sort de la terre se nomme Source, et l'endroit où il se jette dans la mer, se nomme Embouchure.

38. Qu'appelle-t-on les rives d'un fleuve?

On appelle rives d'un fleuve, les deux côtés du fleuve, la rive droite est celle qui est à la droite du fleuve en partant de sa source et la rive gauche est celle qui est à sa gauche.

39. Qu'est-ce qu'une Rivière?

Une Rivière est un petit cours d'eau qui se jette dans un fleuve ou dans la mer.

5ᵉ LEÇON.

DIVISION DE LA TERRE.

40. Comment divise-t-on la terre?

On divise la terre en deux grands continents et un petit, les deux grands sont l'ancien continent et le nouveau continent et le petit est l'Australie.

41. Comment divise-t-on encore la terre ?

On divise encore la terre en cinq parties, qui sont : l'Europe, l'Asie et l'Afrique, formant l'ancien continent ; l'Amérique, comprenant l'Amérique du nord et l'Amérique du sud, formant le nouveau continent, et l'Océanie, dans laquelle est le petit continent de l'Australie.

42. Chacune de ces parties se compose-t-elle seulement d'une partie de continent ou d'un continent ?

Non, chacune de ces parties ne se compose pas seulement d'une partie de continent ou d'un continent. On a encore joint à chacune d'elle un certain nombre d'îles qui leur sont voisines. Ainsi, l'Océanie n'est composée que d'îles.

43. Qu'est-ce que l'Europe ?

L'Europe est une des cinq parties du monde, la plus considérable par ses habitants, la mieux civilisée, mais la plus petite par son étendue.

44. Quelles sont les bornes de l'Europe ?

L'Europe est bornée au nord, par l'Océan glacial arctique ou boréale, à l'ouest, par l'Océan atlantique, au midi, par la mer Méditerranée et la mer Noire, à l'est, par la mer Caspienne, le fleuve Oural et les monts Ourals, et le petit fleuve Kara.

CHAPITRE II.

EUROPE.

1ʳᵉ LEÇON.

45. En combien de contrées divise-t-on l'Europe?

L'Europe est divisée en dix-huit contrées, dont quatre au nord, sept au milieu et sept au sud.

46. Quelles sont les quatre contrées au nord de l'Europe?

Les quatre contrées au nord de l'Europe sont :

L'archipel Britannique, formé de l'Angleterre, capitale Londres; de l'Ecosse, cap. Edimbourg ; et de l'Irlande, cap. Dublin.

Le Danemark, cap. Copenhague, avec l'Islande, cap. Reykiavick.

La presqu'île Scandinave, formée de la Norwège, cap. Christiania et de la Suède, cap. Stockolm.

La Russie d'Europe, cap. Saint-Petersbourg ; avec la Pologne, cap. Varsovie; et le grand-duché de Finlande ; villes principales, Abo, Helsingfors.

2ᵉ LEÇON.

47. Quelles sont les sept contrées au milieu de l'Europe?

Les sept contrées au milieu de l'Europe sont :
1° La Hollande, cap. La Haye et Amsterdam.
2° La Belgique, cap. Bruxelles.
3° L'Allemagne ou Confédération germanique; villes principales, Hambourg, Dresde, Hanovre, Munich, Stuttgard, Francfort.
4° La Prusse, cap. Berlin.
5° La France, cap. Paris.
6° La Suisse, dont les villes principales sont : Bâle, Berne et Genève.
7° L'Autriche, cap. Vienne; avec la Bohême, cap. Prague; et la Hongrie, cap. Bude.

3ᵉ LEÇON.

48. Quelles sont les contrées au sud de l'Europe?

Les contrées au sud de l'Europe sont :
1° Le Portugal, cap. Lisbonne.

2° L'Espagne, cap. Madrid.

3° Les États de l'Eglise, cap. Rome; l'Italie, cap. Florence.

4° Les Principautés Danubiennes; villes principales : Jassi, Boukarest, Belgrade et Semendria.

5° La Turquie, cap. Constantinople.

6° La Grèce, cap. Athènes.

7° Les Iles Ioniennes ou l'archipel Ionien, formant une république sous la protection de l'Angleterre.

4ᵉ LEÇON.

CONTRÉES DU NORD.

Iles de l'Europe.

49. Quelles sont les îles qui appartiennent à l'Angleterre ?

Les îles qui appartiennent à l'Angleterre sont :

Dans la mer d'Irlande, l'île de Man et l'île d'Anglesey; dans la mer du Nord, l'île d'Helgoland; dans la mer de la Manche, les îles de Jersey et de Guernesey; dans l'océan Atlantique, les Shetland, les Orcades; dans la mer Méditerranée, l'île de Malte et les îles Ioniennes.

50. Quelles sont les îles qui appartiennent au Danemark?

Les îles qui appartiennent au Danemark sont : dans l'océan Glacial, l'Islande, et les îles Féroë ; dans la mer Baltique, l'île de Fionie, et l'île de Séeland.

51. Quelles sont les îles qui appartiennent à la Suède?

Les îles qui appartiennent à la Suède sont : dans l'océan Glacial, les îles Loffoden; dans la mer Baltique, l'île de Gothland et l'île d'Oland.

52. Quelles sont les îles qui appartiennent à la Russie?

Les îles qui appartiennent à la Russie sont : dans l'océan Glacial, l'île de Vaigatz, l'île de Kalgouef, et le Spitzberg ; dans la mer Baltique, l'île d'Aland, l'île de Dago et l'île d'Oesel.

5ᵉ LEÇON.

ILES DE L'EUROPE.

Contrées du Centre.

53. Quelles sont les îles qui appartiennent à la Hollande?

Les îles qui appartiennent à la Hollande sont : dans la mer du Nord, l'île de Texel et l'île de Zélande.

54. Quelles sont les îles qui appartiennent à la France ?

Les îles qui appartiennent à la France, sont : dans l'Océan Atlantique, l'île d'Ouessant, Belle-Isle, l'île de Noirmoutiers, l'île Dieu, l'île de Rhé et l'île d'Oléron, dans la mer de la Manche, l'île de Wight et l'île d'Aurigny, dans la mer Méditerranée, l'île de Corse et les îles d'Hyères.

55. Quelles sont les îles qui appartiennent à la Prusse ?

L'île qui appartient à la Prusse est l'île de Rugen, dans la mer Baltique.

56. Quelles sont les îles qui appartiennent à l'Autriche ?

Les îles qui appartiennent à l'Autriche, sont : les îles Illyriennes, dans la mer Adriatique.

6ᵉ LEÇON.

ILES DE L'EUROPE.

Contrées du Sud.

57. Quelles sont les îles qui appartiennent à l'Italie ?

Les îles qui appartiennent à l'Italie, sont : dans la mer Méditerranée, l'île de Sardaigne, l'île d'Elbe, les îles de Sicile et de Lipari.

58. Quelles sont les îles qui appartiennent à l'Espagne?

Les îles qui appartiennent à l'Espagne, sont: dans la mer Méditerranée, les îles Baléares, l'île d'Iviça, l'île Majorque et l'île Minorque.

59. Quelles sont les îles qui appartiennent à la Turquie?

Les îles qui appartiennent à la Turquie, sont : dans la mer Méditerranée, l'île de Candie et l'île de Chypre.

60. Quelles sont les îles qui appartiennent à la Grèce?

Les îles qui appartiennent à la Grèce, sont: les Cyclades, l'île de Négrepont et les Sporades.

6e LEÇON.

PRESQU'ILES DE L'EUROPE.

61. Combien y a-t-il de presqu'îles en Europe?

Il y a en Europe, six presqu'îles, dont trois grandes et trois petites.

62. Quelles sont les trois grandes?

Les trois grandes sont : la Suède avec la Norwége, l'Espagne avec le Portugal et l'Italie.

63. Quelles sont les trois petites ?

Les trois petites sont : le Jutland en **Danemarck**, la Morée en Grèce et la Crimée en Russie.

8ᵉ LEÇON.

ISTHMES DE L'EUROPE.

64. Combien y a-t-il d'Isthmes principaux en Europe ?

Il y a en Europe deux principaux, qui sont : l'isthme de Corinthe qui joint la Morée au continent, et l'isthme de Pérékop, qui joint la Crimée à la Russie.

9ᵉ LEÇON.

CAPS DE L'EUROPE.

65. Quels sont les Caps principaux de l'Europe?

Les caps principaux de l'Europe, sont :
1° Au nord. Le Cap Nord, au nord de la Suède; le cap Skagen, au nord du Jutland;

le cap Clear, au sud-ouest de l'Irlande; le cap Lisard, au nord-ouest de l'Angleterre.

2° Au centre. Le cap de la Hogue, au nord-ouest de la France, et le cap ou pointe de Penmarch, à l'ouest de la Bretagne en France.

3° Au sud. Le cap Finistère, à l'ouest de l'Espagne; le cap Saint-Vincent, au sud-ouest du Portugal; le cap Corse, au nord de la Corse; le cap Teulada, au sud de la Sardaigne; le cap Matapan, au sud de la Grèce.

10° LEÇON.

CHAINES DE MONTAGNES DE L'EUROPE.

66. Quelles sont les principales chaînes de montagnes de l'Europe?

Les principales chaînes de montagnes de l'Europe, sont : les monts Scandinaves en Norwége, les monts Ourals et les monts du Caucase en Russie, les monts Karpaths en Autriche, les monts Balkans en Turquie, les Alpes entre la France, l'Italie et la Suisse; les Pyrénées entre la France et l'Espagne, les monts Ibériens en Espagne et les Apennins en Italie.

11ᵉ LEÇON.

VOLCANS DE L'EUROPE.

67. Quels sont les principaux volcans de l'Europe ?

Les principaux volcans de l'Europe, sont : au Nord, le mont Hécla en Islande ; au sud, le mont Vésuve en Italie, et le mont Etna en Sicile.

12ᵉ LEÇON.

MERS DE L'EUROPE.

68. Quelles sont les principales mers de l'Europe ?

Les principales mers, sont : trois grandes qui bornent l'Europe, l'Océan glacial arctique, au Nord ; l'océan Atlantique à l'Ouest, et la mer Méditerranée, au Sud.

Les petites sont : la mer du Nord, la mer Baltique, la mer Blanche, la mer de la Manche, la mer Adriatique, la mer de Marmara, la mer Noire, la mer Ionienne, la mer de l'Archipel, la mer d'Azof et la mer Caspienne, qu'on appelle aussi lac Caspien, parce qu'on ne lui connaît pas de communication avec d'autres mers.

13ᵉ LEÇON.

DÉTROITS DE L'EUROPE.

69. Quels sont les principaux Détroits de l'Europe?

Les principaux Détroits de l'Europe, sont: le Pas-de-Calais, entre la France et l'Angleterre; le détroit de Gibraltar, entre l'Espagne et l'Afrique; le détroit de Constantinople, entre la mer de Marmara et la mer Noire; le détroit de Gallipoli, entre l'archipel et la mer de Marmara, et le détroit de Kaffa, entre la mer Noire et la mer d'Azof.

14ᵉ LEÇON.

GOLFES DE L'EUROPE.

70. Quels sont les principaux Golfes de l'Europe?

Les principaux golfes de l'Europe, sont : les golfes de Bothnie, de Finlande, de Riga ou de Livonie dans mer la Baltique; le Zuidersée dans la mer du Nord; le golfe de Gascogne dans l'océan Atlantique; le golfe de Tarente dans la mer Ionienne; le golfe de Salonique dans l'Archipel

15ᵉ LEÇON.

FLEUVES DE L'EUROPE.

71. Quels sont les principaux fleuves de la Russie?

Les principaux fleuves de la Russie, sont: la Dwina, la Tornéa, la Néva, le Niémen, au nord; le Dniéper, le Dniester, le Don, le Volga et l'Oural, au midi.

72. Quels sont les principaux fleuves des îles Britanniques?

Les principaux fleuves des îles Britanniques, sont : la Tamise en Angleterre et le Schannon en Irlande.

73. Quels sont les principaux fleuves de la Prusse?

Les principaux fleuves de la Prusse, sont : l'Elbe, la Vistule et l'Oder.

74. Quels sont les principaux fleuves de la France?

Les principaux fleuves de la France, sont: le Rhin, la Seine, la Loire, la Garonne et le Rhône.

75. Quel est le principal fleuve de l'Autriche?
Le principal fleuve de l'Autriche, c'est le Danube.

76. Quels sont les principaux fleuves de l'Italie?
Les principaux fleuves de l'Italie, sont : le Pô et le Tibre.

77. Quels sont les principaux fleuves de l'Espagne?
Les principaux fleuves de l'Espagne, sont : le Minho, le Douero, le Tage, le Guadiana et le Guadalquivir.

16e LEÇON.

LACS DE L'EUROPE.

78. Quels sont les principaux Lacs qui se trouvent dans les contrées du Nord?
Les principaux Lacs qui se trouvent dans les contrées du Nord, sont : les lacs Onéga, Ladoga, Blanc ou Bielo, Peipous, en Russie; le lac Melar, en Suède.

79. Quels sont les Lacs principaux qui se trouvent dans les contrées du Centre?
Les Lacs principaux qui se trouvent dans les contrées du Centre, sont : les lacs Neufchâtel et Genève, en Suisse; le lac Constance, en Allemagne; le lac Balaton, en Autriche.

80. Quels sont les principaux Lacs qui se trouvent dans les contrées du Sud?

Les principaux Lacs qui se trouvent dans les contrées du Sud, sont : les lacs de Côme, de Garde, de Pérouse, de Bolsena, en Italie; le lac de Zante, en Turquie.

On peut aussi considérer comme un lac, la mer Caspienne.

17ᵉ LEÇON.

RIVIÈRES DE L'EUROPE.

81. Quelles sont les principales Rivières du nord de l'Europe?

Les principales Rivières du nord de l'Europe, sont : le Bug, qui se jette dans la Vistule, en Prusse; le Necker, le Main, la Moselle, qui se jettent dans le Rhin; l'Yonne, la Marne et l'Oise, qui se jettent dans la Seine; l'Allier, le Cher, la Vienne, la Mayenne, qui se jettent dans la Loire; le Tarn, le Lot et la Dordogne, qui se jettent dans la Garonne; la Saône, l'Isère et la Durance, qui se jettent dans le Rhône; le Tessin, qui se jette dans le Pô; la Drave, la Save, la Theiss, qui se jettent dans le Danube; la Bérézina, qui se jette dans le Dniéper; et le Kama, qui se jette dans le Volga.

CHAPITRE III.

1re LEÇON.

83. Quelles sont les limites de la France?

La France est bornée au nord : par la Belgique, la mer du Nord, le Pas-de-Calais, qui la sépare de l'Angleterre ; au nord-ouest : par la Manche ; à l'ouest : par l'Océan-Atlantique ; au sud : par les Pyrénées qui la séparent de l'Espagne ; au sud-est : par la Méditerranée ; à l'est : par les Alpes qui la séparent de la Suisse, de l'Italie et de l'Allemagne ; au nord-est : par le Rhin.

84. Quelle est la situation de la France?

La France est située à égale distance du pôle ; ce qui la préserve du grand froid et des trop grandes chaleurs. Elle est entrecoupée de hauteurs et de plaines, arrosée par cinq grands fleuves, par une centaine de rivières navigables, et un grand nombre de cours d'eau y répand encore la fertilité.

85. Quel est le climat de la France?

Le climat de la France est salubre et doux, la culture lui donne des moissons abondantes et une grande variété de fleurs et de fruits. Beaucoup même qui ne sont pas nés dans notre pays s'y sont acclimatés facilement : le froment, le vin, le chanvre, la betterave, la pomme de terre, la carotte, et tous les légumes en général y sont cultivés avec soin; les vins y sont estimés, les forêts abondent en gibiers, les étangs en poissons, les côtes de la France, lui fournissent le saumon, le thon, le maquereau, la sole, la sardine, le hareng; l'abeille et les vers à soie, sont pour la France une grande richesse. La France a des mines de houilles, de fer, la terre à porcelaine, l'ardoise, la pierre à bâtir, le marbre, le plâtre, y sont d'une qualité supérieure.

La France possède aussi des eaux thermales et minérales, et a des salines estimées.

85. Qu'est la France sous le rapport de l'agriculture ?

La France est essentiellement agricole : au nord, on cultive les céréales et les arbres à cidre ; au centre, outre les céréales on récolte de très-bons vins; au sud, on cultive la vigne et l'olivier.

86. Qu'est la France sous le rapport de l'industrie ?

La France est sans rivale pour la bijouterie, les soieries, les draperies, les modes qu'elle donne à tous les pays du monde, l'horlogerie, l'imprimerie, la papeterie, les raffineries, les porcelaines, les tapisseries, les glaces, les constructions navales, etc., etc.

87. Que savez-vous de la France par rapport au commerce?

Par sa position centrale en Europe, la France a des relations commerciales avec tous les pays du monde, et presque aussi facilement avec les autres parties du Globe. Les principaux objets sont : les vins, les vinaigres, les eaux-de-vie, et tous les produits de l'industrie.

88. Quelle est la langue parlée en France?

La langue française qui provient du latin et de l'ancien Celte, c'est la langue la plus claire, la plus oratoire, elle est parlée par les savants de tous les pays, et fait partie de l'éducation chez presque toutes les nations étrangères.

89. Quel est l'état de l'instruction en France?

L'instruction publique y est fort développée, il y a jusque dans les plus petites communes des écoles gratuites pour la classe ouvrière. La France possède, en outre, un grand nombre de lycées, des séminaires, des écoles des arts et métiers, de marine, de droit, de médecine, un grand nombre d'institutions bienfaisantes, des crèches, des asiles. Il faut aussi citer l'établissement des sourds-muets et des jeunes aveugles.

2.

90. Quelle est la forme du gouvernement en France ?

La forme du gouvernement est l'empire constitutionnel.

91. Quelle est la religion professée en France ?

La religion professée en France, par la majeure partie des Français, est la religion catholique romaine ; mais toutes les autres religions y sont tolérées.

92. Comment la France est-elle divisée sous le rapport religieux ?

Sous le rapport religieux la France est divisée en 86 diocèses, dont 17 archevêchés et 69 évêchés.

93. Comment divise-t-on la France sous le rapport militaire ?

La France, sous le rapport militaire, est divisée en 7 commandements militaires, formés de 23 divisions.

94. Comment divise-t-on la France sous le rapport administratif ?

La France est divisée en 89 départements, non-compris l'Algérie.

95. A quelle époque la France a-t-elle été divisée en départements ?

La France a été divisée en départements, depuis 1790, autrefois elle était divisée en 33 gouvernements ou provinces.

2ᵉ LEÇON.

96. Qu'appelle-t-on Bassin ?
On appelle Bassin d'une mer, d'un fleuve ou d'une rivière, tout le pays dont les cours d'eau s'écoulent dans cette mer, ce fleuve ou cette rivière.

97. Combien la France comprend-elle de bassins ?
La France comprend cinq bassins, ou cinq fleuves principaux qui sont : le Rhin, la Seine, la Loire, la Garonne et le Rhône.

3ᵉ LEÇON.

BASSIN DU RHIN

BASSIN SECONDAIRE DE LA MEUSE ET DE L'ESCAUT.

98. Quels sont les affluents du Rhin en France ?
Les affluents du Rhin en France sont : la Moselle, grossie de la Meurthe et de la Sarre,

sur la rive gauche, la rive droite du Rhin n'appartient pas à la France.

99. Combien le bassin du Rhin comprend-il de départements?

Le bassin du Rhin comprend neuf départements.

DÉPARTEMENTS	CHEFS-LIEUX	SOUS-PRÉFECTURES
HAUT-RHIN	Colmar	Altkirch, Mulhouse. Belfort.
BAS-RHIN	Strasbourg	3. Wissembourg, Saverne, Schelestadt.
VOSGES	Epinal	4. Neufchateau, Mirecourt, Saint-Dié, Remiremont.
MEURTHE	Nancy	4 Château-Salins, Toul, Sarrebourg, Lunéville.
MOSELLE	Metz	3. Sarreguemines, Thionville, Briey.
MEUSE	Bar-le-Duc	3 Montmedy, Commercy, Verdun.
ARDENNES	Mézières	4. Rocroy, Vouziers, Rethel, Sédan.
NORD	Lille	6. Dunkerque, Douai, Avesnes, Hazebrouck, Valenciennes, Cambrai.
PAS-DE-CALAIS	Arras	5. Saint-Omer, Béthune, Montreuil Boulogne, Saint-Pol.

4ᵉ LEÇON.

BASSIN PRINCIPAL DE LA SEINE

BASSINS SECONDAIRES DE LA SOMME ET DE L'ORNE.

100. Quels sont les affluents de la rive droite de la Seine?

Les affluents de la rive droite de la Seine sont : l'Aube, la Marne, l'Oise grossie de l'Aisne.

101. Quels sont les affluents de la rive gauche de la Seine ?

Les affluents de la rive gauche de la Seine sont : l'Yonne, et l'Eure.

102. Combien le bassin de la Seine comprend-il de départements?

Le bassin de la Seine comprend dix-sept départements.

DÉPARTEMENTS	CHEFS-LIEUX	SOUS-PRÉFECTURES
CÔTE-D'OR	Dijon	3. Chatillon-sur-Seine, Semur, Beaune.
AUBE	Troyes	4. Arcis-sur-Aube, Nogent-sur-Seine, Bar-sur-Aube, Bar-sur-Seine.

DÉPARTEMENTS	CHEFS-LIEUX	SOUS-PRÉFECTURES
YONNE	Auxerre	4. Sens, Avallon, Joigny, Tonnerre.
HAUTE-MARNE	Chaumont	2. Langres, Vassy.
MARNE	Chalons-sur-Marne	4. Epernay, Reims, Sainte-Menehould, Vitry-le Français.
SEINE-ET-MARNE	Melun	4. Fontainebleau, Meaux, Coulommiers, Provins.
SEINE	Paris	2. Saint-Denis, Sceaux
AISNE	Laon	4. Soissons, Saint-Quentin, Vervins, Château Thierry.
OISE	Beauvais	3 Clermont, Compiègne, Senlis.
SEINE-ET-OISE	Versailles	5. Pontoise, Rambouillet, Etampes, Mantes, Corbeil.
EURE-ET-LOIR	Chartres	3. Dreux, Nogent-le-Rotrou, Chateaudun.
EURE	Evreux	4. Bernay, Pont-Audemer, Les Andelys, Louviers.
SEINE-INFʳᵉ	Rouen	4. Dieppe, le Hâvre, Neufchatel, Yvetot,
SOMME	Amiens	4 Abbeville, Peronne, Doullens, Montdidier.
ORNE	Alençon	4. Mortagne, Argentan, Séez, Domfront.

DÉPARTEMENTS	CHEFS-LIEUX	SOUS-PRÉFECTURES
CALVADOS	Caen	3. Bayeux, Lisieux, Pont-l'Evêque, Vire, Falaise.
MANCHE	Saint-Lô	5. Cherbourg, Avranches, Valognes, Coutances, Mortain.

5ᵉ LEÇON.

BASSIN PRINCIPAL DE LA LOIRE

BASSINS SECONDAIRES DE LA VILAINE ET DE L'ILLE.

103. Quels sont les affluents de la rive droite de la Loire?

Les affluents de la rive droite de la Loire sont : la Nièvre et la Maine, formée de la Mayenne, de la Sarthe et du Loir.

104. Quels sont les affluents de la rive gauche de la Loire?

Les affluents de la rive gauche de la Loire sont : l'Allier, le Loiret, le Cher, l'Indre, la Vienne grossie de la Creuse, et la Sèvre nantaise.

105. Combien le bassin de la Loire comprend-il de départements?

Le bassin de la Loire comprend vingt-et-un départements.

DÉPARTEMENTS	CHEFS-LIEUX	SOUS-PRÉFECTURES.
HAUTE-LOIRE	Le Puy	2. Brioude, Yssengeaux.
LOIRE	Saint-Etienne	2. Roanne, Montbrison.
NIÈVRE	Nevers	3. Clamecy, Château-Chinon, Cosne.
PUY-DE-DÔME	Clermont-Ferrand	3. Riom, Issoire, Ambert, Thiers.
ALLIER	Moulins	3. Gannat, Montluçon, La Palisse.
LOIRET	Orléans	3. Montargis, Pithiviers, Gien.
CHER	Bourges	2 Saint-Amand, Sancerre.
LOIR-ET-CHER	Blois	2. Vendôme, Romorantin.
INDRE	Châteauroux	3. Issoudun, la Châtre, le Blanc.
INDRE-ET-LOIRE	Tours	2. Loches, Chinon.
CREUSE	Gueret	3. Bourganeuf, Aubusson, Boussac.
HAUTE-VIENNE	Limoges	3. Rochechouart, St-Yrieix, Bellac.
VIENNE	Poitiers	4. Châtellerault, Loudun, Montmorillon, Civray.
SARTHE	Le Mans	3. Mamers, Saint-Calais, la Flèche.

DÉPARTEMENTS	CHEFS-LIEUX	SOUS-PRÉFECTURES
MAYENNE	Laval	2. Château-Gonthier, Mayenne.
MAINE-ET-LOIRE	Angers	5. Segré, Beaupréau, Saumur, Baugé, Chollet.
LOIRE-INFére	Nantes	4. Châteaubriand, Savenay, Paimbœuf, Ancenis.
ILLE-ET-VILAINE	Rennes	5. Saint-Malo, Fougères, Vitré, Montfort, Redon.
COTES-DU-NORD	Saint-Brieux	4. Lannion, Loudéac, Guingamp, Dinan.
MORBIHAN	Vannes	3. Napoléonville, Lorient, Ploërmel.
FINISTÈRE	Quimper	4. Quimperlé, Morlaix, Brest, Châteaulin.

6ᵉ LEÇON.

BASSIN PRINCIPAL DE LA GARONNE

BASSINS SECONDAIRES : LA SÈVRE-NIORTAISE GROSSIE DE LA VENDÉE, L'ADOUR ET LA CHARENTE

106. Quels sont les affluents de la rive droite de la Garonne?

Les affluents de la rive droite de la Garonne sont : l'Ariége, le Tarn grossi de l'Aveyron, le Lot et la Dordogne grossie de la Vézère, qui elle-même reçoit la Corrèze.

107. Quel est l'affluent de la rive gauche de la Garonne ?

L'affluent de la rive gauche de la Garonne est le Gers.

108. Combien le bassin de la Garonne comprend-il de départements ?

Le bassin de la Garonne comprend vingt départements.

DÉPARTEMENTS	CHEFS-LIEUX.	SOUS-PRÉFECTURES
H^{te}-GARONNE	Toulouse	3. Villefranche, Saint-Gaudens, Muret.
ARIÉGE	Foix	3. Pamiers, Saint-Girons.
LOZÈRE	Mende	2. Marvéjols, Florac.
AVEYRON	Rhodez	4. Espalion, Milhau, Saint-Affrique, Villefranche.
TARN	Alby	3. Gaillac, Lavaur, Castres.
TARN-ET-GARONNE	Montauban	2. Castel-Sarrasin, Moissac.
H^{tes}-PYRÉNÉES	Tarbes	2. Bagnères, Argelès.
GERS	Auch	4. Condom, Lectour, Lombez, Mirande.
CANTAL	Aurillac	3. Saint-Flour, Mauriac, Murat.
LOT	Cahors	2. Gourdon, Figeac.
LOT-ET-GARONNE	Agen	3. Villeneuve, Marmande, Nérac.

DÉPARTEMENTS	CHEFS-LIEUX	SOUS-PRÉFECTURES
CORRÈZE	Tulle	2. Brives, Ussel.
DORDOGNE	Périgueux	4. Nontron, Ribérac, Sarlat, Bergerac.
GIRONDE	Bordeaux	5. Lesparre, Libourne, Blaye, la Réole, Bazas.
DEUX-SÈVRES	Niort	3. Bressuire, Parthenay, Melle.
VENDÉE	Napoléon-Vendée	3. Les Sables-d'Olonne, Fontenay-le-Comte.
CHARENTE	Angoulême	4. Confolens, Cognac, Ruffec, Barbezieux.

7ᵉ LEÇON.

BASSIN PRINCIPAL DU RHONE

BASSINS SECONDAIRES DE L'AUDE, DE L'HÉRAULT ET DU VAR.

109. Quels sont les affluents de la rive droite du Rhône ?

Les affluents de la rive droite du Rhône sont : l'Ain, la Saône grossie du Doubs, l'Ardèche et le Gard.

110. Quels sont les affluents de la rive gauche du Rhône?

Les affluents de la rive gauche du Rhône sont : l'Isère, la Drôme et la Durance.

110. Combien le bassin du Rhône comprend-il de départements?

Le bassin du Rhône comprend vingt-et-un départements.

DÉPARTEMENTS	CHEFS-LIEUX	SOUS-PRÉFECTURES
CHARENTE-INF^{re}	La Rochelle	5. Rochefort, Saintes, Jonzac, Marennes, Saint-Jean-d'Angély.
LANDES	Mont-de-Marsan	2. Saint-Séver, Dax.
B^{ses}-PYRÉNÉES	Pau	4. Bayonne, Orthez, Oloron, Mauléon.
AIN	Bourg	4. Belley, Trévoux, Nantua, Gex.
DOUBS	Besançon	3. Montbéliard, Pontarlier, Baume.
JURA	Lons-le-Saulnier	3. Saint-Claude, Poligny, Dôle.
HAUTE-SAÔNE	Vesoul	2. Lure, Gray.
SAÔNE-ET-LOIRE	Mâcon	4. Louhans, Charolles, Autun, Châlon-sur-Saône.
RHÔNE	Lyon	1. Villefranche.
ISÈRE	Grenoble	3. La Tour-du-Pin, Saint-Marcellin, Vienne.

DE GÉOGRAPHIE. 41

DÉPARTEMENTS	CHEFS-LIEUX	SOUS-PRÉFECTURES
HAUTE-SAVOIE	Annecy	3. Saint-Julien, Bonneville, Thonon.
SAVOIE	Chambéry	3. Saint Jean-de-Maurienne, Moutiers, Albertville.
DRÔME	Valence	3 Montélimart, Nyons Die.
ARDÈCHE	Privas	3. Tournon, l'Argentière.
HAUTES-ALPES	Gap	2. Embrun, Briançon.
BASSES-ALPES	Digne	4. Barcelonnette, Forcalquier, Castellane, Sistéron.
VAUCLUSE	Avignon	3. Apt, Carpentras, Orange.
GARD	Nîmes	3. Le Vigan, Uzès, Alais.
B.-DU-RHONE	Marseille	2. Aix, Arles.
VAR	Draguignan	2. Brignolles, Toulon.
ALPES-MARIT.	Nice	2. Puget-Théniers, Grasse.
PYRÉNÉES-ORIENTALES	Perpignan	2. Prades, Céret.
AUDE	Carcassonne	3. Castelnaudary, Narbonne, Limoux.
HÉRAULT	Montpellier	3. Lodève, Saint-Pons, Béziers.
CORSE	Ajaccio	4. Bastia, Calvi, Corté, Sartène.

8ᵉ LEÇON.

ANCIENNES DIVISIONS DE LA FRANCE

111. Comment divisait-on autrefois la France ?
La France était divisée autrefois en 36 provinces dont 6 au Nord ; 7 à l'Est ; 8 au Sud ; 6 à l'Ouest ; et 9 au milieu.

SIX PROVINCES DU NORD

PROVINCES	CAPITALES	DÉPARTEMENTS FORMÉS PAR LES PROVINCES
FLANDRE	Lille	1. Nord.
ARTOIS	Arras	1. Pas-de-Calais.
PICARDIE	Amiens	1. Somme.
NORMANDIE	Rouen	5. Seine-Inférieure, Eure, Calvados, Orne, Manche.
ILE-DE-FRANCE	Paris	5. Seine. Seine-et-Oise, Oise, Seine-et-Marne, Aisne.
CHAMPAGNE	Troyes	5. Ardennes, Aube, Haute-Marne, Marne.

9ᵉ LEÇON.

SEPT PROVINCES DE L'EST

PROVINS	CAPITALES	DÉPARTEMENTS FORMÉS PAR LES PROVINCES
LORRAINE	Nancy	4. Moselle, Meurthe, Vosges.
ALSACE	Strasbourg	2. Haut-Rhin, Bas-Rhin.
FRANCHE-COMTÉ	Besançon	3. Haute-Saône, Doubs, Jura.
BOURGOGNE	Dijon	4. Côte-d'Or, l'Yonne, Ain, Saône-et-Loire.
LYONNAIS	Lyon	2. Rhône, Loire.
DAUPHINÉ	Grenoble	3. Isère, Drôme, Hautes-Alpes.
SAVOIE	Chambéry	3. Haute-Savoie, Savoie.

10ᵉ LEÇON.

HUIT PROVINCES DU SUD

PROVINCES	CAPITALES	DÉPARTEMENTS FORMÉS PAR LES PROVINCES
PROVENCE	Aix	3. Bouches-du-Rhône, Basse-Alpes, Var.
LANGUEDOC	Toulouse	8. Haute-Garonne, Tarn, Aude, Hérault Gard, Lozère, Ardèche, Haute-Loire.
ROUSSILLON	Perpignan	1. Pyrénées-Orientales.
COMTÉ-DE-FOIX	Foix	1. Ariège.
CONTÉ-DE-NICE	Nice	1. Alpes-Maritimes.
GUYENNE et GASCOGNE	Bordeaux	9. Gironde, Dordogne, Aveyron, Lot-et-Garonne, Lot, Landes, Tarn-et-Garonne, Gers, Hautes-Pyrénées.
BÉARN	Pau	1. Basses-Pyrénées.
CORSE	Bastia	1. Corse.

11ᵉ LEÇON.

SIX PROVINCES DE L'OUEST

PROVINCES	CAPITALES	DÉPARTEMENTS FORMÉS PAR LES PROVINCES
SAINTONGE ET ANGOUMOIS	Saintes et Angoulême	1. Charente et une partie de la Charente-Inférieure.
AUNIS	La Rochelle	1. Charente-Inférieure.
POITOU	Poitiers	3. Vienne, Deux-Sèvres, Vendée.
BRETAGNE	Rennes	5. Ille-et-Vilaine, Côtes-du-Nord, Finistere, Morbihan, Loire-Inférieure.
ANJOU	Angers	1. Maine-et-Loire.
MAINE	Le Mans	2. Sarthe, Mayenne.

12ᵉ LEÇON.

NEUF PROVINCES DU MILIEU

PROVINCES	CAPITALES	DÉPARTEMENTS FORMÉS PAR LES PROVINCES
ORLÉANAIS	Orléans	3. Loiret, Eure-et-Loir, Loir-et-Cher.
TOURAINE	Tours	1. Indre-et-Loire.
BERRY	Bourges	3. Cher, Indre.
NIVERNAIS	Nevers	1. Nièvre.
BOURBONNAIS	Moulins	1. Allier.
MARCHE	Guéret	1. Creuse.
LIMOUSIN	Limoges	2. Haute-Vienne, Corrèze.
AUVERGNE	Clermont-Ferrand	2. Puy-de-Dôme, Cantal.
Comtat-d'Avignon	Avignon	1. Vaucluse.

13ᵉ LEÇON.

112. Quelles sont les voies de communications en France?

Les voies de communications en France sont des canaux, des routes et des chemins de fer.

113. Quels sont les principaux canaux ?

1° Le canal d'Ill et Rance, qui joint la Manche à l'océan Atlantique ;

2° Le canal de Nantes à Brest ;

3° Le canal de la Seine à la Loire. Ce canal se forme du canal d'Orléans, du canal de Briare et de celui de Montargis ;

4° Le canal de la Garonne au Rhône ;

5° Le Canal de la Loire au Rhône. Ces deux fleuves sont unis par la Saône ;

6° Le canal de la Seine au Rhône. Ces deux fleuves sont unis par l'Yonne et la Saône ;

7° Le canal du Rhin au Rhône ;

8° Le canal de la Seine au Rhin par la Marne.

9° Le canal de l'Aisne à la Marne ;

10° Le canal de l'Aisne à la Meuse ;

11° Le canal de la Seine à l'Escaut.

12° Le canal de l'Oise.

115. Comment les routes sont-elles classées ?

Les routes sont classées d'après leur importance : les grandes ou routes impériales entretenues par l'Etat.

Les routes départementales entretenues par les départements.

Les routes communales entretenues aux frais des communes.

Toutes les routes impériales partent de Paris et vont vers les frontières.

116. Quelles sont les principales lignes de chemin de fer ?

1° La ligne d'Orléans, qui va à la frontière

d'Espagne par Orléans, Blois, Tours, Angoulême, Bordeaux et Bayonne, et à l'océan Atlantique par Tours et Nantes;

2° La ligne de Lyon, qui va à la frontière d'Italie par Lyon, Marseille, Cette, et de là le chemin de fer de Marseille à Nice;

3° La ligne du Nord, qui va aux frontières de Belgique et d'Angleterre;

4° Le ligne de l'Ouest, qui va à la mer de la Manche par Rouen et le Havre;

5° Le chemin de fer de l'Est, qui va aux frontières d'Allemagne par Nancy et Strasbourg, et aux frontières de Suisse par Strasbourg et Bâle.

14ᵉ LEÇON.

117. Quelles sont les possessions françaises en Asie?

La France possède en Asie : Chandernagor, Yanaon, Pondichéry, Mahé et Karikal dans l'Hindoustan; elle occupe militairement la Cochinchine.

118. Quelles sont les possessions françaises en Afrique?

La France possède en Afrique : l'Algérie, villes principales Alger, Bône et Constantine, la rade de Portendic sur les côtes du Sahara, le fort Saint-Louis, Gorée et Abréda dans le Sénégal; les îles Mayotte, l'île de la Réunion, ou île Bourbon, l'île Nossi-bé; une partie de de Madagascar dans l'océan indien.

119 Quelles sont les possessions françaises en Amérique ?

La France possède en Amérique : la Guadeloupe, une partie des Antilles, la Guyanne française, Cayenne.

120. Quelles sont les possessions françaises en Océanie ?

La France possède en Océanie : la Nouvelle Calédonie, l'archipel des marquises, les îles de Taïti et de Gambier.

CHAPITRE IV.

ASIE.

Ire LEÇON.

103. Qu'est-ce que l'Asie ?

L'Asie est la plus grande des cinq parties du monde.

104. Quelles sont les bornes de l'Asie ?

L'Asie est bornée au Nord, par l'Océan Glacial, à l'Ouest, par les Monts-Ourals, la mer Caspienne, la mer Noire, la mer Méditerranée, qui la séparent de l'Europe ; l'isthme de Suez et la mer Rouge qui la séparent de l'Afrique ; au Midi, par l'Océan Indien et la mer de la Chine; à l'Ouest, par le Grand Océan.

IIe LEÇON.

CONTRÉES DE L'ASIE.

105. En combien de contrées divise-t-on l'Asie?

L'Asie se divise en 12 contrées principales: 1 au Nord, 7 au Centre, et 4 au Sud.

106. Quelle est la contrée au Nord de l'Asie?

La contrée au Nord de l'Asie, c'est la Sibérie ou Russie d'Asie, capitale Tobolsk.

107. Quelles sont les sept contrées au Centre de l'Asie?

Les sept contrées au Centre de l'Asie sont: la Tartarie ou Turkestan, villes principales; Khiva, Samarkand et Boukhara.

L'Empire Chinois, capitale Pékin.

Le Japon, capitale Yèdo.

La Turquie d'Asie; villes principales, Smyrne, Alep, Jérusalem, Damas et Bagdad.

La Perse, capitale Téhéran.

Le royaume de Hérat, capitale Hérat.

L'Afghanistan capitale Kaboul.

108. Quelles sont les quatre contrées au Sud de l'Asie?

Les quatre contrées au Sud de l'Asie sont: l'Arabie, capitale la Mecque.

Le Beloutchistan, capitale Kélat.

L'Inde ou Indoustan, capitale Calcutta.
L'Indo-Chine, villes principales, Ava, Hué, Bankok, Malacca et Singapour.

III° LEÇON.

ILES DE L'ASIE.

109. Quelles sont les principales îles de l'Asie?

Les principales îles de l'Asie sont : l'île de Rhodes, de Chypre, dans la Méditerranée ; les îles de Bahreïn, dans le golfe Persique ; les Maldives, les Laquedives, les îles Nicobar, dans la mer des Indes ; les îlles Haï-Una et Macao, dans la mer de la Chine ; l'île Formose, les îles du Japon, l'île Tarakaï et les Kouriles, dans le Grand-Océan, et les îles Hiakof ou nouvelle Sibérie, dans l'Océan Glacial.

IVe LEÇON.

PRESQU'ILES DE L'ASIE.

110. Quelles sont les presqu'îles principales de l'Asie?

Les principales presqu'îles de l'Asie, sont : l'Anatolie, en Turquie, l'Arabie, le Midi de l'Indoustan, l'Indo-Chine, la presqu'île de Malacca, la Korée à l'Est de la Chine, et le Kamchatka, à l'Est de la Sibérie.

Vᵉ LEÇON.

MONTAGNES DE L'ASIE.

111. Quelles sont les principales chaînes de montagnes de l'Asie?

Les principales chaînes de montagnes de l'Asie sont : les Monts-Ourals, entre l'Europe et l'Asie; l'Altaï, entre la Sibérie et l'Empire Chinois; les Monts Himalaya, entre l'Empire Chinois et l'Indoustan : le Taurus et le Liban dans la Turquie d'Asie; les Monts Ghâtes, dans l'Indoustan.

VIᵉ LEÇON.

CAPS DE L'ASIE.

112. Quels sont les caps principaux de l'Asie?

Les caps principaux de l'Asie, sont : le cap Septentrional au Nord de la Sibérie; le cap Oriental à l'Est de la Sibérie; le cap Comorin au Sud de l'Indoustan, le cap Romania au Sud de la presqu'île de Malacca.

VIIᵉ LEÇON.

DÉTROITS DE L'ASIE.

113. Quels sont les principaux détroits de l'Asie?
Les principaux détroits de l'Asie sont : le

détroit de Bab-el-Mandeb ou porte des Larmes, entre l'Arabie et l'Afrique; le détroit d'Ormus entre l'Arabie et la Perse; le détroit de Malacca au Sud de l'Indo-Chine; le détroit de Corée entre la Chine et le Japon, et le détroit Behring entre l'Asie et l'Amérique.

VIIIe LEÇON.

MERS DE L'ASIE.

114. Quelles sont les principales mers de l'Asie?

Les principales mers de l'Asie, sont: l'Océan Glacial au Nord, la Méditerranée à l'Ouest; le Grand Océan, la mer de la Chine, la mer Jaune, la mer du Japon à l'Est; la mer d'Okhotsk et la mer de Behring au Nord; l'Océan Indien au Sud.

IXe LEÇON.

GOLFES DE L'ASIE.

115. Quels sont les principaux golfes de l'Asie?

Les golfes principaux de l'Asie, sont: l'Obi au Nord de la Sibérie; le golfe Persique, le golfe Arabique ou mer Rouge, le golfe d'Oman et le golfe du Bengale, formés par l'Océan Indien; les golfes de Siam et de Tonkin formés par la mer de la Chine; le golfe de Petchili formé par la mer Jaune, et le golfe d'Anadyr formé par la mer d'Okhotsk.

Xᵉ LEÇON.

LACS DE L'ASIE.

116. Quels sont les principaux lacs de l'Asie?

Les principaux lacs de l'Asie, sont: le lac Baïkal en Sibérie; le lac Bleu, le lac Phou-Yang en Chine; le lac d'Aral dans le Turkestan; le lac Zersah en Perse; le lac Asphaltite ou mer Morte au Sud-Est de Jérusalem.

XIᵉ LEÇON.

FLEUVES DE L'ASIE.

117. En combien de versants se partage l'Asie?

L'Asie se partage en quatre versants qui sont: le versant du Nord, le versant de l'Ouest, le versant du Sud et le versant de l'Est.

118. Quels sont les fleuves qui coulent dans le versant du Nord?

Les principaux fleuves du versant du Nord sont: la Léna, l'Obi et l'Iénissei.

119. Quels sont les principaux fleuves du versant de l'Ouest?

Les principaux fleuves du versant de l'Ouest sont: le Djihoun qui se jette dans la mer d'Aral; le Kour qui se jette dans la mer Caspienne, et l'Oronte qui se jette dans la Méditerrannée.

120. Quels sont les principaux fleuves du versant du Sud?

Les principaux fleuves du versant du Sud sont: le Cambdoge qui se jette dans la mer de la Chine; le Brahmapoute et le Gange qui se jettent dans le golfe du Bengale; le Sind ou Indus qui se jette dans le golfe d'Oman; le Tigre et l'Euphrate qui se jettent dans le golfe Persique.

121. Quels sont les fleuves principaux du versant de l'Est?

Les principaux fleuves du versant de l'Est sont: l'Amour ou Sakhalier qui se jette dans la mer d'Okhotsk; le Houaug ou fleuve Jaune qui se jette dans la mer Jaune, et le Yang-tse-Kiang ou fleuve Bleu qui se jette dans la mer Orientale.

CHAPITRE V

AFRIQUE.

Ire LEÇON.

1. Qu'est-ce que l'Afrique? Quelles en sont les bornes?

L'Afrique est une des cinq parties du monde; elle est bornée, au nord, par la mer Méditerranée, qui la sépare de la France;

par le détroit de Gibraltar, qui la sépare de l'Espagne; par l'isthme de Suez, qui la sépare de l'Asie; à l'Est, par la mer Rouge et la mer des Indes; au Sud, par l'Océan Austral; à l'Ouest, par l'Océan Atlantique.

IIe LEÇON.

CONTRÉES DE L'AFRIQUE.

2. En combien de contrées divise-t-on l'Afrique ?

L'Afrique est divisée en vingt-et-une contrées, dont six au nord, sept au milieu, huit au sud.

3. Quelles sont les contrées du Nord ?

Les six contrées, du Nord de l'Afrique, sont : l'Egypte, capitale le Caire; l'empire de Maroc, capitale Maroc; l'Algérie ou Afrique française, capitale Alger; le royaume de Tunis, capitale Tunis; le royaume de Tripoli, capitale Tripoli ; et le Sahara ou Grand-Désert, capitale Agably.

IIIe LEÇON.

CONTRÉES DU MILIEU.

4. Quelles sont les 7 contrées du milieu de l'Afrique ?

Les sept contrées au milieu de l'Afrique, sont :

1° La Sénégambie ; villes principales, Fort-Saint-Louis et Bambouck.

2° La Guinée septentrionnale ; villes principales, Abomey, Coumassie, Monrovia, Bénin.

3° La Nigritie ou Soudan ; villes principales, Tombouctou, Sackatou, Bournou, Cobbé.

4° La Nubie, capitale Sennaar.

5° L'Abyssinie, capitale Gondar.

6° L'Adel ; villes principales, Zeila, Barbora.

7° L'Ajan, capitale Ajan.

IVᵉ LEÇON.

CONTRÉES DU SUD DE L'AFRIQUE.

5. Quelles sont les 8 contrées du sud de l'Afrique ?

Les huit contrées du Sud de l'Afrique, sont :

1° La Guinée méridionale ; ville principale, San-Salvador.

2° Le pays des Hottentots ; ville principale, Namaquois.

3° Le Cap, capitale le Cap.

4° La Cafrerie ; capitale Port-Natal.

5° Le monomotapa, capitale Sofala.

6° Le Mozambique, capitale Mozambique.

7° Le Zanguebar ; villes principales, Quiloa, Mélinde.

8° Les îles de Madagascar ; villes principales, Tananasivou et Tamatave.

Une grande partie de l'Afrique est encore inconnue.

Ve LEÇON.

ILES DE L'AFRIQUE.

6. Quelles sont les principales îles de l'Afrique?

Les principales îles de l'Afrique, sont: les Açores, Madère, les îles Canaries, les îles du Cap-Vert, les îles Saint-Mathieu, l'île Sainte-Hélène, l'île de l'Ascension qui sont dans l'océan Atlantique, l'île de Socotora, les Seychelles, les îles Comores, Madagascar, et les Mascareignes dont les principales sont: l'île de la Réunion, l'île Maurice, et l'île Rodrigue.

VIe LEÇON.

CAPS DE L'AFRIQUE.

7. Quels sont les principaux caps de l'Afrique?

Les principaux caps de l'Afrique, sont : le cap Bon, au nord de Tunis ; le cap Blanc, à l'ouest du Sahara; le cap Vert, à l'ouest de la Sénégambie; le cap des Palmes, à l'ouest de la Guinée septentrionale, et le cap Lopez, au sud-ouest de la même contrée ; le cap Nègre, au sud-ouest de la Guinée méridionale ; le cap de Bonne-Espérance et le cap des Aiguilles, au sud du gouvernement du

Cap ; le cap Gardafui, au nord-est de l'Adel, et le cap Natal, au nord de Madagascar.

VIIe LEÇON.

MONTAGNES DE L'AFRIQUE.

8. Quelles sont les principales chaînes de montagnes de l'Afrique?

Les principales chaînes de montagnes de l'Afrique, sont : le mont Atlas, au nord ; les montagnes de Kong, entre la Nigritie et la Guinée septentrionale ; les monts Lupata, au sud-est de l'Afrique ; les monts de la Lune, au centre de l'Afrique, et les montagnes de Madagascar, dans l'île de ce nom.

VIIIe LEÇON.

MERS DE L'AFRIQUE.

9. Quelles sont les principales mers de l'Afrique?

Les principales mers de l'Afrique, sont : la mer Méditerranée, au nord ; l'océan Atlantique, à l'ouest; le Grand-Océan, au sud, et la mer des Indes, la mer Rouge, la mer d'Aden, à l'est.

IXe LEÇON.

GOLFES DE L'AFRIQUE.

10. Quels sont les principaux golfes de l'Afrique?
Les principaux golfes de l'Afrique, sont :

les golfes de Gabès et de Syrte, dans la Méditerranée ; le golfe de Guinée, dans l'océan Atlantique, et le golfe Arabique ou mer Rouge dans l'Océan Indien.

Xe LEÇON.

LACS DE L'AFRIQUE.

11. Quels sont les lacs principaux de l'Afrique ?

Les principaux lacs de l'Afrique, sont : le lac Tchad, en Nigritie, et le lac Dembéa, dans l'Abyssinie.

XIe LEÇON.

DÉTROITS DE L'AFRIQUE.

12. Quels sont les principaux détroits de l'Afrique ?

Les principaux détroits de l'Afrique, sont : le détroit de Gibraltar, entre l'Espagne et l'Afrique ; le détroit de Bal-el-Mandeb, entre l'Afrique et l'Asie, et le canal de Mozambique, dans la contrée de ce nom.

XIIe LEÇON.

FLEUVES DE L'AFRIQUE.

13. Quels sont les principaux fleuves de l'Afrique ?

Les principaux fleuves de l'Afrique, sont : le Nil qui se jette dans la Méditerranée ; le

Sénégal, le Gambie, le Niger, le Zaïre et l'Orange, qui se jettent dans l'océan Atlantique; le Zambège, qui se jette dans la mer des Indes.

CHAPITRE VI.

AMÉRIQUE.

Ire LEÇON.

14. Qu'est-ce que l'Amérique?

L'Amérique est une des cinq parties du monde; elle est dans le Nouveau-Continent, et fut découverte, en 1492, par Christophe-Colomb.

L'Amérique est divisée en deux grandes parties: l'Amérique septentrionale, au nord, et l'Amérique méridionale au sud.

15. Quelles sont les bornes de l'Amérique septentrionale?

L'Amérique septentrionale est bornée, au Nord, par l'océan Glacial Arctique; à l'Ouest, par le Grand-Océan ou mer Pacifique; à l'Est, par l'océan Atlantique; au Sud, par l'isthme de Panama, qui le joint à l'Amérique méridionale.

16. Quelles sont les bornes de l'Amérique méridionale.

L'Amérique méridionale est bornée, au Nord, par la mer des Antilles; à l'Est, par l'océan Atlantique; à l'Ouest, par le Grand-Océan; au Sud, par l'océan Austral Antarctique.

IIe LEÇON.

CONTRÉES DE L'AMÉRIQUE.

17. En combien de contrées divise-t-on l'Amérique septentrionale?

L'Amérique septentrionale est divisée en six contrées, qui sont:

1º Le Groënland capitale Frederikshaab.

2º L'Amérique russe, capitale Alexandrowskaia.

3º La Nouvelle-Bretagne, villes principales Québec et Montréal.

4º Les Etats-Unis, capitale Washington.

5º Le Mexique, capitale Mexico.

6º Le Guatémala, capitale Guatémala.

Quelles sont les 10 contrées principales de l'Amérique méridionale?

Les 10 contrées principales de l'Amérique méridionale, sont:

1º La Colombie, comprenant 3 républiques, le nouvelle Grenade, capitale Bogota; 2º Le Vénézuela, capitale Caracas; 3º L'Equateur, capitale Quito.

2° La Guzane, villes principales, Cayenne, Paramaribo, George-Town.

3° Le Pérou, capitale Lima.

4° L'Empire du Brésil, capitale Rio-de-Janeiro.

5° La Bolivie ou Haut-Pérou, capitale la Plata ou Chuquisaca.

6° Le Paraguay, capitale l'Assomption.

7° L'Uruguay, capitale Montévidéo.

8° La Plata, capitale Buénos-Ayres.

9° Le Chili, capitale Santiago.

10° Le Patagonie qui est peu habitée.

IIIe LEÇON.

ILES DE L'AMÉRIQUE.

Quelles sont les principales îles de l'Amérique ?

Les principales îles de l'Amérique sont dans l'Océan Atlantique, les îles Lucayes, l'île de Cuba dans les Grandes-Antilles, la Guadeloupe et la Martinique dans les Petites-Antilles.

Dans le Grand Océan au sud, l'Archipel de Magellan ou Terre de feu, l'Archipel de la Mère-de-Dieu, les îles Malouines.

Dans le Grand Océan au nord : l'Archipel de Quadra et Vaucouver, les îles Aléontiennes, les îles de la mer Behring au nord-ouest, les îles de la mer Baffir au nord-est.

IVᵉ LEÇON.

PRESQU'ILES DE L'AMÉRIQUE.

141. Quelles sont les principales presqu'îles de l'Amérique?

Les principales presqu'îles de l'Amérique sont: le Groënland, le Labrador, la Nouvelle-Ecosse, dans la Nouvelle-Bretagne; la Floride au Sud-Est des Etats-Unis; la Californie et le Yucatan dans le Mexique, et Alaska dans l'Amérique-Russe.

Vᵉ LEÇON.

CAPS DE L'AMÉRIQUE.

142. Quels sont les principaux caps de l'Amérique?

Les principaux caps de l'Amérique sont : le cap Farewell ou cap des Adieux au Sud du Groënland; le cap Saint-Roch à l'Est du Brésil; le cap Froward au Sud de l'Amérique Méridionale, le cap Horn au Sud de l'archipel de Magellan; à l'Ouest le cap Blanc; au Nord du Pérou le cap Saint-Lucas; au Sud de la Californie; le cap Occidental à l'Ouest de l'Amérique-Russe.

143. Quels sont les principaux volcans de l'Améque?

Les principaux volcans de l'Amerique sont:

le mont Saint-Elie dans l'Amérique-Russe; le Cotopaxi et le Pichincha dans la Colombie; et le volcan d'Aréquipa dans le Pérou.

VIe LEÇON.

MONTAGNES DE L'AMÉRIQUE.

144. Quelles sont les principales chaînes de montagnes de l'Amérique?

Les principales chaînes de montagnes de l'Amérique, sont : les monts Alléghany, dans les Etats-Unis; les monts Rocheux, la Sierra-Madre, la Sierra-Verdé, la Sierra-Mimbres, qui parcourent du Nord au Sud l'Amérique Septentrionale; la Cordillère des Andes, et les monts du Brésil dans l'Amérique Méridionale.

VIIe LEÇON.

MERS DE L'AMÉRIQUE.

146. Quelles sont les principales mers de l'Amérique?

Les pricipales mers de l'Amérique, sont : au Nord l'Océan Glacial, la mer de Baffin et la mer de Berhing, à l'Ouest le Grand-Océan ou mer Pacifique; à l'Est la mer des Antilles et l'Océan Atlantique.

4.

VIIIᵉ LEÇON.

GOLFES DE L'AMÉRIQUE.

146. Quels sont les principaux golfes de l'Amérique ?

Les principaux golfes de l'Amérique, sont: la baie d'Hudson formée par la mer de Baffin; le golfe Saint-Laurent formé par l'Océan Atlantique; le golfe du Mexique formé par la mer de Antilles; la baie de Tous-les-Saints à l'Est du Brésil; le golfe de Panama formé par le Grand-Océan au Nord-Ouest de l'Amérique Méridionale.

IXᵉ LEÇON.

LACS DE L'AMÉRIQUE

147. Quels sont les principaux lacs de l'Amérique Septentrionale?

Les lacs principaux de l'Amérique Septentrionale, sont: les lacs de l'Esclave et Winnipeg, dans la Nouvelle-Bretagne; les lacs Ontario, Michigan, Huson, Supérieur, Erié, au Nord des Etats-Unis; le lac Nicaragua dans le Guatémala.

148 Quels sont les lacs principaux de l'Amérique Méridionale?

Les principaux lacs de l'Amérique Méridionale, sont : le lac de Maracaybo dans la

Colombie; le lac Titicaca, entre le Pérou et la Bolivie; et le lac Los-Patos au Sud du Brésil.

X ͤ LEÇON.

DÉTROITS DE L'AMÉRIQUE.

148. Quels sont les principaux détroits de l'Amérique?

Les principaux détroits de l'Amérique, sont : le détroit de Berhing entre l'Asie et l'Amérique; les détroits de Lancaster, de Davis et d'Hudson au Nord de la Nouvelle-Bretagne; les détroits de Lemaire et de Magellan au Sud de la Patagonie.

XI ͤ LEÇON.

FLEUVES DE L'AMÉRIQUE.

149. Quels sont les principaux fleuves de l'Amérique Septentrionale?

Les principaux fleuves de l'Amérique Septentrionale, sont : le fleuve Mackenzie qui se jette au Nord; le fleuve Nelson qui se jette dans la baie d'Hudson; le fleuve Saint-Laurent qui se jette dans l'Océan Atlantique; le Mississipi et le Rio-del-Norte qui se jettent dans le golfe du Mexique; la Colombia ou Orégon qui se jette dans le Grand-Océan; le Colorado dans le golfe de Californie.

150. Quels sont les fleuves de l'Amérique Méridionale?

Les principaux fleuves de l'Amérique Méridionale, sont : la Madeleine qui se jette dans la mer des Antilles; l'Orénoque, le fleuve des Amazones, le San-Francisco, et la Plata qui se jettent dans l'Océan Atlantique.

XIIe LEÇON.

RIVIÈRES DE L'AMÉRIQUE.

151. Quelles sont les principales rivières de l'Amérique?

Les principales rivières de l'Amérique, sont : Le Missouri et l'Ohio, qui se jettent dans le Mississipi; la Médeïra qui se jette dans l'Amazone; l'Araguay qui se jette dans le Tocantins; l'Uruguay, le Paraguay qui forment la Plata.

CHAPITRE VII

OCÉANIE.

Ire LEÇON.

152. Qu'est-ce que l'Océanie?

L'Océanie est une des cinq parties du monde, on l'appelle encore continent Austral.

153. Quelles sont les bornes de l'Océanie ?

L'Océanie est bornée au Nord par la mer de la Chine, le détroit de Malacca; à l'Est l'Océan Pacifique ou Océan du Sud; au Sud par le grand Océan Austral; et à l'Ouest par la mer des Indes.

IIe LEÇON.

DIVISIONS DE L'OCÉANIE.

154. Comment divise-t-on l'Océanie ?

L'Océanie est divisée en trois grandes parties.

1° La Notasie ou Malaisie qui comprend, les îles de la Sonde; les îles Philippines; les îles Célèbes; les îles Moluques.

2° L'Australie ou Nouvelle-Hollande, qui comprend : la Nouvelle-Guinée; la Nouvelle Calédonie; les îles Salomon; la Nouvelle-Zélande; les îles du Saint-Esprit; la Nouvelle-Brétagne et la Nouvelle-Irlande.

3° La Polynésie, qui comprend : les îles Sandwich, les îles des Amis; l'archipel de Taïti; les îles Gambier; l'archipel Dangereux, l'archipel des Navigateurs.

IIIᵉ LEÇON.

MERS DE L'OCÉANIE.

155. Quelles sont les principales mers de l'Océanie?

Les principales mers de l'Océanie, sont : la mer de la Chine, l'Océan Indien, le Grand Océan ou mer Pacifique, et le Grand Océan Austral.

IVᵉ LEÇON.

DÉTROITS DE L'OCÉANIE.

156. Quels sont les principaux détroits de l'Océanie?

Les principaux détroits de l'Océanie, sont: le détroit de Malacca entre l'Asie et l'Océanie; le détroit de la Sonde entre l'île la Sumatra et l'île de Jara, dans les îles de la Sonde; le détroit de Torrès entre la Nouvelle-Guinée et la Nouvelle-Hollande; le détroit de Bass entre la terre de Diémen et la Nouvelle-Hollande; le détroit de Cook qui sépare la Nouvelle-Zélande en deux parties.

Vᵉ LEÇON.

GOLFES DE L'OCÉANIE.

157. Quels sont les principaux golfes de l'Océanie ?

Les principaux golfes de l'Océanie, sont : le golfe de Carpentané au Nord de l'Australie; le golfe de Spencer au Sud de l'Australie; et le golfe de Botany-Bay à l'Est.

VIᵉ LEÇON.

FLEUVE DE L'OCÉANIE.

158. Quel est le principal fleuve de l'Océanie ?
Le principal fleuve de l'Océanie est le Murray qui se jette dans le Grand Océan.

VIIᵉ LEÇON.

CAPS DE L'OCÉANIE.

159. Quels sont les principaux caps de l'Océanie ?
Les principaux caps de l'Océanie, sont : le cap Sewin au Sud-Ouest de le Nouvelle-Hollande; le cap Oton au Nord de la Nouvelle-Zélande; le cap Ouest au Sud-Ouest de la Nouvelle-Zélande.

FIN.